L $\overset{27}{}$
Ln 14906.

LE 27 DÉCEMBRE 1855

A GRAISSESSAC

OU PREMIER ANNIVERSAIRE DE LA MORT

DE

CHARLES MOTTE

ANCIEN GARDE DU PARC GÉNÉRAL D'ARTILLERIE DE L'ARMÉE
D'ITALIE.

MONTPELLIER

TYPOGRAPHIE DE BOEHM, PLACE CROIX-DE-FER

1855

LE 27 DÉCEMBRE 1855

A GRAISSESSAC

———————

Il y a un an aujourd'hui, l'entière population de Graissessac accompagnait à son terrestre repos la dépouille mortelle de Charles MOTTE, allié aux meilleures familles protestantes par son mariage avec Madeleine Raymond. Douce et aimante, comme on l'était dans sa maison patriarcale, elle fut digne et heureuse d'un tel époux, plus heureuse de le devancer de sept ans dans les cieux. Pour lui, c'était le 27 décembre 1854. Et ce même jour de l'année 1855, une réunion de parents et d'amis commémorait gravement et pieusement le départ pour l'éternité de cette âme d'élite, élevant leurs pensées bien au-dessus de la terre, de la terre même qui recouvrait son enveloppe matérielle. Dans cette commémoration, une fille, un gendre, vrai fils adoptif, deux petites-filles, des beaux-frères, des neveux, dont un médecin éminent, des amis,

n'avaient garde d'oublier leurs croyances évangé-
liques; et, assurés du salut par le sang de la croix,
de cet auguste ami, de ce père bien-aimé, ils
s'entretenaient de ses qualités d'esprit et de cœur,
de ses vertus domestiques et sociales, publiques
et privées. Ils se retraçaient plus d'un demi-siècle
voué à la famille, à l'amitié, à la cité, à la patrie.
Ils ne craignaient pas de se dire que, solidement
et brillamment doué, il aurait atteint les plus
hautes positions militaires, sans le tragique naufrage qui interrompit sa carrière au début. A
défaut, et comme compensation suffisante pour
qui sait découvrir les obscurs services et apprécier
la véritable grandeur, ils rappelaient trente ans
d'administration municipale, si intelligente et si
pure; cinquante ans d'exercice médical, si con-
sciencieux, si désintéressé, si utile, si bien rempli.
Ils redisaient ce qu'avait de touchant et de noble
ce rendez-vous, dans un hameau, de tant de dou-
leurs et de maladies de tous les points du canton,
de l'arrondissement, du département, des dépar-
tements limitrophes; ce qu'avaient d'honorable
et de grand ces appels d'hommes de marque, de
près et de loin, à son tact si sûr et si délicat. Ils

semblaient voir se presser, dans le lieu même de leur réunion, tous ces êtres souffrants, attendant avec anxiété un tour de consultation, dont ils espéraient enfin soulagement et guérison, et s'en retournant l'espoir dans un cœur naguère découragé, la joie sur un front naguère flétri, pressentiments, l'on eût pensé, de la guérison, du soulagement. Ils semblaient surtout entendre les bénédictions éclatantes du pauvre gratuitement consulté, visité, soigné, et gratuitement aussi pourvu des médicaments nécessaires. Rien ne faisait ombre à ce tableau; tout était serein comme le visage du défunt, tout était pur comme son âme. Et, pour se refléter davantage dans ses traits, pour mieux s'identifier à son âme, par une inspiration unanime, ils s'écrièrent : « Relisons ce qu'il nous conta tant de fois, ce qu'à notre prière il a écrit sous le titre de *Souvenir historique de ma vie* » (manuscrit de 81 pages in-4°), et nous relûmes avec une émotion qui aurait semblé n'appartenir qu'à une histoire nouvelle, qu'à des faits inconnus, alors que nous savions tous ces faits, alors que cette histoire nous était si connue!.....
Aussi la main qui tient la plume se sent-elle

pressée de la déposer dans une main d'outre-tombe, dans la main qui a tracé le *Souvenir*. Elle la lui remet, sinon pour tous les détails, pour le plus dramatique du moins, auquel, par respect pour une personnalité admirablement naïve, aucun changement ne veut ni ne doit être fait, et que les lecteurs du *27 décembre 1855 à Graissessac* ne liront pas à coup sûr sans un sympathique, et, par moments, sans un frémissant intérêt.

Les lecteurs! oui, les lecteurs, non étrangers, indifférents et froids, à qui ceci ne s'adresse point, mais qui l'ont connu et par suite vénéré, qui l'ont eu pour bienfaiteur et par suite béni; or, de ces lecteurs le nombre est grand, de ces lecteurs la reconnaissance est grande. Qu'ils écoutent donc une voix affectionnée, qu'ils fassent écho à des accents chéris, et qu'ils reposent les yeux sur le nom qui couronnera les pages suivantes, sans les arrêter à ces initiales.

J. M., P^r.

Graissessac, le 21 décembre 1855.

J'étais à Marseille au commencement de la Révolution ; deux années s'y passèrent. M'étant voué à la profession de verrier en verre noir, M. Revelard, à qui j'étais·recommandé, eut tous les soins possibles pour moi ; à seize ans, j'étais déjà *grand-garçon*. La mort d'une mère, à jamais chérie ! me fit abandonner mon état ; je rentrai dans ma patrie, et après quelques mois de séjour, je me décidai, même avec enthousiasme, à partir pour l'armée. C'était en octobre 1794 ; je fus incorporé dans le premier bataillon de l'Hérault, et on me confia un détachement de quatre-vingts jeunes gens que je conduisis à Nice ; le 22 mai

1792, je fus mis en réquisition par le général Gassendi, et employé à l'arsenal de Nice comme chef des fondeurs ; je restai à cette place jusqu'au 2 messidor an V, époque où je fus nommé conducteur d'artillerie, poste que j'occupai jusqu'au premier brumaire an VII, où je fus nommé garde d'artillerie du parc général de l'armée d'Italie, jusqu'au 10 frimaire an X, époque encore où je reçus des ordres du ministre de la Guerre pour embarquer à Toulon, sur le vaisseau *le Banel*, l'artillerie nécessaire pour l'expédition d'Amérique, commandée par le général Leclerc, et dirigée contre Toussaint-Louverture. Le vaisseau que je montai échoua le 25 du même mois au cap Ténez en Afrique. Rentré dans mes foyers, estropié, je trouvai un père septuagénaire sans ressources, ayant vendu et dissipé le patrimoine de ma pauvre mère ! Un arriéré de solde et 400 francs de retraite que le gouvernement m'accorda, me suffirent pour mon entretien et celui de mon pauvre père ; bientôt après mon arrivée, ne pouvant pas supporter l'oisiveté, je me mis à l'étude de la médecine. (Le médecin en chef des hôpitaux de l'armée d'Italie m'avait accordé bien des moments pour m'instruire dans l'art de guérir ; d'après son avis, j'avais été admis à l'Université de Pavie, où je recevais une heure par jour des leçons d'anatomie ; et, outre ces leçons, j'étais fréquemment appelé par le docteur

Portal , à la visite des hôpitaux.) Je me rappelai cet
heureux temps ; et , sans consulter mes faibles moyens
dans un art si profond , je commençai d'exercer avec
succès et bonheur ! Ma clientèle grossit , dans peu de
temps , à tel point que les docteurs mes voisins s'en
alarmèrent et me dénoncèrent comme exerçant sans
titres ; appelé à comparaître à Montpellier devant un
jury médical , après avoir subi trois examens on m'accorda ce que je demandais , un diplôme d'officier de
santé.

Je laisse mon résumé pour arriver aux faits.

. . . .

. . . .

(Pages 19-50 du manuscrit.)

Bonaparte écrivit alors au prince Charles une lettre
affectueuse, pour l'engager à traiter de la paix ; un plé-
nipotentiaire arriva à Léoben , et demanda une sus-
pension d'armes de cinq jours , qui fut accordée. Il
ajouta : «Votre gouvernement a envoyé contre moi quatre armées sans généraux , et cette fois , un général
sans armée.» C'était un bel éloge pour le prince Charles ;
trois jours après , les préliminaires de paix furent
signés et la paix définitive eut lieu à Campo-Formio.
La veille , j'avais ordre de me rendre avec quatre pièces de canon , j'avais huit lieues à faire ; néanmoins

j'arrivai à dix heures du matin à Pessiniaro, château choisi pour les conférences. L'aide-de-camp Mangin m'introduisit dans une vaste salle où se trouvaient assemblés tous les généraux des deux armées ; je parcourus cette salle dans toute sa longueur et passai avec mon ami Mangin dans une grande cuisine, où on me servit de quoi reconforter mon estomac. Bonaparte venait de temps en temps dans la cuisine, et, chaque fois, il prenait dans un paillon une poignée de pois-chiches qu'il distribuait aux figures des divers tableaux qui ornaient la salle ; malgré cette distraction, il surveillait les articles du traité et savait à propos refuser ou accepter les propositions faites. Enfin, le jour suivant la paix fut signée, et quarante-huit coups de canon l'annoncèrent. C'est dans cette grande et puissante réunion qu'une tabatière que j'avais, représentant la Chaste Suzanne surprise par deux vieillards, passa de main en main et disparut.

J'eus ordre de rentrer à Palma-Nova pour dégarnir la place, emporter les canons, les diriger sur Corfou en Grèce, et vendre tout le matériel de guerre ; j'avais avec moi, pour cette opération, une compagnie d'artillerie, commandée par le capitaine Pellegrin ; la place était gouvernée par les Autrichiens, ainsi que tout le pays vénitien jusqu'à Vérone ; l'opération terminée, j'avais ordre de me rendre au quartier général à Milan.

En effet, je partis avec la compagnie d'artillerie,
escorté par un détachement d'Autrichiens, emmenant
avec moi 400,000 francs, produit des ventes du matériel hors de service ; cette somme était enfermée dans
un caisson ; et, malgré la garde, il fut enfoncé et pillé
à Brescia ; jugez de mon embarras ! Je voyageais dans
un élégant cabriolet traîné par un cheval anglais de
pure race ; après six jours de marche, nous arrivâmes
à Vérone, où se trouvait le quartier général autrichien ;
j'arrivai sur la place au grand galop ; les officiers autrichiens entourèrent ma voiture, et l'un d'eux, qui portait le costume de colonel de dragons, me questionna
en bon français ; un second me demanda si je voulais
vendre mon cheval. Je me décidai, à condition que le
cabriolet suivrait le cheval ; je vendis donc le tout au
prix de 1,600 francs. Mon acheteur me dit alors :
Vous ne savez pas quel est celui qui, le premier, vous
questionnait ; je repondis que non. C'est un de vos
pays, me dit-il, c'est le frère du roi de France, le
comte d'Artois.

Je n'avais plus que huit heures à faire pour arriver
à Milan, où étaient Bonaparte et son quartier-général ;
je ne savais comment m'y présenter : l'annonce de la
perte des 400,000 fr. me chiffonnait, j'avais peur qu'on
ne me soupçonnât ; je m'adressai d'abord pour cette
confidence au chef de l'état-major général, Berthier,

qui me rassura en me disant : «Soyez sans inquié-
tude, j'en parlerai à Bonaparte ; mettez un procès-
verbal, que je signerai, dans votre comptabilité, et
tout sera fini ; vous êtez assez connu pour qu'aucun
doute ne plane sur vous.» Bonaparte fit ses adieux aux
Italiens par une belle proclamation, et laissa au général Berthier le commandement de l'armée ; il se
rendit à Paris, où une fête triomphale l'attendait ; je
fus moi-même chargé d'engerber toute l'artillerie de
l'armée.

Bonaparte, après avoir été fêté à Paris par le Direc-
toire, projeta une descente en Égypte ; il fit ses dispositions pour cela et s'embarqua à Toulon en mai 1798,
avec trente-six mille hommes d'élite et une commission
savante de cent personnes ; pendant ce temps une nouvelle armée autrichienne et russe se porta sur l'Italie,
soixante mille Autrichiens occupaient l'Adige, et une
division de trente mille Russes occupait le Tyrol et les
montagnes de la Valteline. Notre armée, grossie par le
contingent des troupes piémontaises, se portait à soixante mille hommes ; jamais elle n'avait été si belle :
il nous manquait Bonaparte pour la diriger. Le commandement en fut donné au général Schérer, qui nous
laissa déborder en détail, jamais il ne présenta une
bataille rangée ; les divisions furent présentées à l'ennemi l'une après l'autre, et écrasées par le nombre.

Si le général Masséna n'avait pas retenu les Russes, à qui il fit beaucoup de mal, c'en était fait de notre armée : nous aurions été bloqués sur tous les points ; enfin, ce n'était point une retraite, mais bien un sauve qui peut. J'étais moi-même, avec quelques compagnies d'artillerie, toujours à l'arrière-garde pour ramasser les débris du parc général d'artillerie, abandonné par l'équipage du train d'artillerie, qui, après avoir vu mourir les chevaux, abandonnait dans les champs, canons, caissons, prolonges de bataille. Ce fut à Voltir en Piémont, que, désespérant de plus rien sauver, je me vis forcé à enclouer les canons et à décharger les caissons des poudres qu'ils contenaient, que je fis semer dans un champ et y fis mettre le feu. Il était temps : les débris de la division Masséna arrivaient, poussés vivement par le gros de l'armée autrichienne et russe. Déjà le général Schérer, qui s'était dirigé sur Turin, avait passé les Alpes avec vingt-cinq mille hommes qu'il avait avec lui. Nous, joints à la division Masséna, nous étions journellement assaillis par l'armée ennemie ; force nous fut d'abandonner la plaine et de fuir par les montagnes ; pour y arriver il fallait franchir des rivières, principalement le Pô. C'est à ce dernier fleuve que je faillis être pris : il était quatre heures du soir, en hiver, avec une pluie battante, que je me trouvai en arrière de nos troupes ; je savais qu'ils allaient passer le Pô à deux lieues d'une auberge où je m'arrêtai dans la vue de rafraîchir mon cheval, harrassé de fatigue et de faim. Je priai l'hôte de donner quelque chose à mon cheval; il n'y eut qu'un paillon de maïs, que la pauvre bête dévora. En cas de surprise je l'avais attaché à une croisée du rez-de-chaussée et sous mes yeux. On me servit un assez gros poisson, du pain et du vin, que je mangeai avec avidité; à peine avais-je fait la moitié de mon repas que j'entendis entrer dans la basse-cour plusieurs chevaux, mais du côté opposé à l'appartement où j'étais. A travers le vitrage de la porte je vis que c'étaient les hussards de Wurmser; je sautai par la fenêtre et en moins d'une minute je fus à cheval; en passant devant la porte cochère, les hussards m'aperçurent, remontèrent à cheval et me poursuivirent; plusieurs coups de pistolet, qu'ils tirèrent de trop loin pour m'atteindre, ne me servirent qu'à redoubler de vitesse; la nuit survint, force leur fut d'abandonner leur proie. J'arrive au bord du fleuve : nos débris de troupes, après avoir passé, coupèrent les cables et le pont de bateau disparut; je me trouvai forcé en arrivant, ne trouvant plus de pont pour franchir la rivière, de suivre son cours pendant demi-heure. Pour échapper à la poursuite de l'ennemi, je restai donc toute la nuit dans les roseaux; il pleuvait à verse; la nuit était très-obscure, je la passai

dans des transes inexprimables. J'avais emporté le
pain de mon hôte, que je n'avais pas payé ; de temps
en temps j'en donnais quelques bouchées à ma jument
pour la soutenir, pensant que c'était elle qui devait
me sauver. Le jour parut enfin ; les troupes ennemies
se portaient sur la ligne du Pô, qui paraissait infran-
chissable, si gros et si trouble qu'il était. Ce fut pour
moi un moment à la fois de terreur et solennel, celui
où, après avoir donné ma dernière bouchée de pain à
ma pauvre bête, je priai Dieu de me protéger dans ce
moment de péril ; je monte dessus avec courage, je
la lance dans la rivière ; comme elle, je nage en me
cramponnant à sa crinière ; nous avancions lentement,
vu la rapidité du fleuve qui nous faisait de plus en plus
dévier ; en un mot, je ne trouvais aucun lieu propice
pour sortir de ce gouffre. Enfin, après un demi quart-
d'heure de descente le long de la rivière, et au moment
ou je me décidais à abandonner ma bête pour me sauver
seul, j'aperçus un petit sentier qui descendait dans
la rivière ; c'est par cette voie que nous échappâmes à
une mort certaine. C'est à une lieue de là que je trouvai
les débris de nos troupes ; transis de froid, mouillés
jusqu'aux os, morts de faim, ils étaient autour d'un
grand feu ; c'est encore là que presque tous les chevaux d'artillerie étaient morts de faim. N'ayant plus de
moyens de transport, j'employai tous les hommes de

bonne volonté pour décharger les caissons et mettre
le feu aux poudres qui nous restaient ; après il fut
décidé de nous diriger du côté des montagnes du Petit
St-Bernard, pour descendre dans la rivière de Gênes.
Après des marches et contre-marches, nous arrivâmes
à un petit village au pied de ces montagnes ; nous mîmes en réquisition tous les hommes, pour nous aider
à pratiquer un chemin pour monter sur son sommet,
et faire suivre quatre pièces de 4 et deux caissons,
seule ressource en munitions qui nous restait. Ceci
fut exécuté ; mais pour arriver à ce chemin il fallait
traverser un ravin grossi par les pluies, extrêmement
rapide, quoique étroit ; des peupliers furent abattus en
travers du ravin, et au moyen des fascines posées dessus, nous établîmes un pont de passage ; il continuait
de pleuvoir à verse. Enfin, nous nous acheminâmes ;
après quatre heures d'une marche pénible nous attei-
gnîmes le sommet de la montagne, la pluie cessa, et
un vent impétueux du nord se leva. Nous avions avec
nous quelques officiers généraux et environ douze
cents hommes de troupes, et rien pour manger ; plusieurs furent chargés d'aller explorer le terrain pour
chercher quelque nourriture dans les métairies des en-
virons, et les autres s'occupèrent à ramasser du bois ;
ils arrivèrent avec trois chèvres, des volailles et du
pain très-noir ; tout fut mis en œuvre pour cuire ces

provisions. Un des officiers de l'état-major proposa de forcer la voiture du fournisseur en chef des vivres : quatre soldats du train la gardaient ; nous forçâmes la consigne ainsi que la voiture, nous enfonçâmes le caisson et y trouvâmes trente-deux bouteilles de vin vieux. Pendant cela nos artilleurs étaient occupés à faire cuire une chèvre pour eux et quelques volailles pour nous ; d'autres étaient occupés à faire des baraques avec du gazon. Enfin, nous soupâmes; nous n'étions que douze pour boire le vin que nous avions soigneusement caché ; nous le bûmes en mangeant nos poules, et, pour achever de nous griser, une vivandière nous donna un petit verre d'eau-de-vie, qui coûta 6 francs à chacun de nous. Cette orgie terminée il était nuit, nous nous couchâmes de quatre en quatre dans une de ces baraques improvisées et dormîmes profondément, malgré que le gros vent qu'il fit dans la nuit nous eût enlevé une partie de notre baraque. Enfin le jour parut; il fallut prendre le parti de descendre dans la rivière de Gênes ; c'est avec beaucoup de peine que nous arrivâmes dans un petit village, à une demi-lieue de la mer ; pour le traverser avec notre petit train d'artillerie, il fallut abattre une aile de maison. Nous passâmes, et demi-heure après nous étions rendus à un petit port, où nous trouvâmes plusieurs barques de pêcheurs; il s'agissait de les

2

garder et d'en chercher d'autres. Pendant ce temps, nous embarquâmes notre matériel, et dans moins de deux heures nous avions toutes celles qu'il nous fallait pour le transport des troupes. Il était dix heures du soir lorsque nous nous embarquâmes sur ces frêles chaloupes, et, malgré une escadre anglaise que l'on voyait en mer, nous partîmes et nous dirigeâmes, en longeant la côte, sur Gênes, où nous arrivâmes à sept heures du matin; nous y trouvâmes une faible garnison de six cents hommes. Le jour suivant nous étions étroitement bloqués. Dieu sait ce que nous souffrîmes de privations de tout genre; au terme de deux mois et demi, forcés de capituler, on nous transporta en France.

En arrivant à Antibes, on nous annonça l'arrivée de Bonaparte à Paris, et un camp qu'on établissait à Dijon; l'armée autrichienne était alors à Nice et sur la ligne du Var, n'ayant plus qu'à franchir cette rivière pour pénétrer en France. A l'annonce de ce camp, qui déjà s'ébranlait pour franchir les Alpes, l'armée ennemie, qui craignait d'être surprise, se retira, et notre division la suivit pas à pas jusqu'au col de la Bouquette, deux lieues environ plus loin que Gênes. Là, nous apprîmes que l'armée de Dijon avait déjà dépassé Turin, et qu'on se préparait de part et d'autre à une bataille. Elle eut lieu quelques jours plus tard dans la plaine de Marengo ; la combinaison de Bonaparte fut heureuse, si bien que toute l'armée autrichienne fut prisonnière. Le général Desaix, qui arrivait d'Égypte, prit le commandement de la cavalerie, et enleva, par une charge hardie, le front de bataille, où se trouvaient dans une belle position 40 pièces de canon qui vomissaient la mitraille. Cette position enlevée, les Autrichiens déposèrent les armes ; le brave Desaix y fut tué. Cette bataille nous mit en possession de l'Italie jusqu'à l'Adige ; je fus occupé nuit et jour à faire ramasser et transporter à Milan les débris des deux armées, et, sans perdre de temps, 300 ouvriers que j'avais à mes ordres, travaillèrent à réparer les affûts à canons, caissons, etc., etc. ; tandis que moi-même j'avais ordre de me transporter dans les gorges du lac de Côme pour y faire couler les bombes, boulets, obus et grenades ; d'autre part, il fallait préparer des équipages de ponts et de montagne. J'avais tellement souffert par ce travail incessant, et j'étais devenu si rauque, qu'à peine je pouvais parler. Bonaparte, en venant passer la revue du parc général, voyant la difficulté que j'avais de répondre aux questions qu'il me faisait, m'ordonna deux mois de repos. Je fus remplacé par un officier d'artillerie qui sortait de l'école, et qui, malgré une bonne théorie, manquait totalement de pratique, de manière que ma comptabilité et la direction du matériel d'artillerie n'était plus qu'un chaos ; il fallut, bon gré ou non, reprendre le service après un mois de repos. J'étais à Milan, et le quartier-général à Vérone. Une nouvelle armée autrichienne se formait ; Bonaparte repartit pour Paris, et laissa le commandement de l'armée au général Masséna. L'armée, après trois mois de repos, entra en campagne, marcha à l'ennemi qui, à la première bataille, fut anéanti et forcé à la paix. Alors l'armée prit ses positions dans les différentes villes et jouit en paix de ses longs et multiples travaux. Tandis que mon travail se multipliait, ordre fut donné de faire rentrer à Lodi et engerber l'artillerie des armées d'Italie et de Naples. Ce travail terminé, le chef de l'état-major général me faisait espérer une récompense et ma retraite ; mais à peine fut-il achevé, que je reçus l'ordre du ministre de la Guerre de me rendre sur-le-champ à Toulon, pour faire partie d'une expédition dirigée contre Toussaint-Louverture. Au reçu de cet ordre, je me rendis à Milan pour m'entendre avec le général Leclerc, qui me dit : C'est moi qui vous ai choisi ; dans cette expédition, il n'y a que des protégés, vous pouvez dans cette dernière campagne vous assurer une fortune colossale. Je lui dis : Mais quels moyens ? Il me répondit : Employez seulement 50,000 fr. en pacotille, que vous livrerez au commerce, en arrivant en Amérique; vous pourrez réaliser 400,000 fr.; au retour, vous employez cette somme en marchandises coloniales, qui vous produiront en France plus d'un million. Mais, pour cela faire, lui dis-je, il faudrait avoir les 50,000 fr. Là-dessus il me répondit vivement : Comment, avec la place dorée que vous avez, vous n'avez pas cette somme ! vous êtes un ..... Général, je ne les ai pas, et, si je les avais, je les aurais volés; j'ai 20,000 fr., c'est tout mon avoir. Enfin, il me rassura, en m'assurant que c'était une campagne de six à huit mois au plus, et que je n'aurais pas à m'en repentir. Vous êtes un des favorisés, je vais vous en convaincre ; alors il me fit voir un état nominatif des individus qu'il s'était choisis pour composer son état-major et sur lequel j'étais compris : D'après cela vous pouvez compter sur un avancement et sur ma protection. Cette note me fit plaisir; je le remerciai et je rentrai à Pavie pour faire mes dispositions de départ. Mes effets furent vendus, ainsi que trois chevaux de prix que j'avais à mon service pour moi et mon domestique, qui, quoique déjà vieux, voulait me suivre et implorait cette grâce les larmes aux yeux. Je le dissuadai de mon mieux, lui payai ses gages, et comme les montagnes de la Savoie étaient encore chargées de neige, et qu'il aurait, pour les franchir, trouvé des obstacles que son âge ne lui aurait pas permis de vaincre, je lui donnai trois mois de solde de plus, et une malle remplie de mes défroques ; passé ce terme il devait s'acheminer vers Grenoble, son pays natal.

Je pars donc pour Toulon, avec mon butin et 30,000 fr. que j'avais réalisés, non compris une cassette qui renfermait une pièce en or de tous les pays que j'avais parcourus, et que je conservais comme objet de curiosité, ainsi que plusieurs bijoux, notamment mon portrait enrichi de six rangs de chaînes en or, un autre portrait représentant la Chaste Susanne surprise par deux vieillards ; tout ceci était des cadeaux de Madame Valentini de Vérone, l'un des premiers peintres d'Italie.

J'arrive à Toulon escorté de quatre compagnies d'artillerie ; je trouve trente mille hommes réunis pour l'expédition projetée, et on attendait d'un moment à l'autre le général Leclerc pour donner ses ordres. Douze vaisseaux de ligne étaient en position et on embarquait le nécessaire pour ce corps d'armée sur plusieurs autres bâtiments, et j'eus à ma disposition le vaisseau *le Banel*, sur lequel j'embarquai les armes, projectiles, poudres, canons, obusiers, etc., enfin, tout le matériel nécessaire à cette expédition. Dans huit jours tout fut prêt, et nous mîmes à la voile ; c'était le 13 nivôse an X ; le temps était brumeux et resta tel pendant douze jours. Un ouragan succéda à cette brume épaisse, un vent impétueux dispersa la flotte ; la nuit survint, l'ouragan redoubla de violence, et à quatre heures du matin notre vaisseau fit naufrage. Tout fut enseveli dans cette mer orageuse ; nous étions perchés sur les débris du vaisseau, les vagues réitérées qui nous passaient sur la tête nous laissaient à peine le temps de respirer. Dans cette terrible position, par une nuit obscure, nous attendions le jour ou la mort ; ce jour tant désiré parut enfin. Quel spectacle parut à notre vue : mille cadavres étaient disseminés sur cette mer houleuse ; la plupart étaient rejetés sur le cap Ténez ; non loin de nous les survivants, au nombre de deux cents, dont j'étais du nombre, étaient comme moi perchés sur les débris du vaisseau ; tous appelaient leurs proches, leurs amis ; aucun ne répondait, les flots les avaient ensevelis. Quelques officiers du vaisseau, M. de Caraman qui le commandait, et plusieurs matelots, s'étaient emparés de la grande chaloupe qui flottait encore et bientôt capota ; peu se sauvèrent. Quelle triste position était la nôtre ! Nous étions entourés de mille cadavres ; les flots de la mer nous poussaient du côté d'un ravin qui descendait des montagnes avec fracas, et à l'entrée du ravin, par le bouillonnement des eaux en sens inverse, tous ceux qui essayaient de se rendre à terre en nageant, s'y noyaient. Notre position était désespérante ; les personnes que je connaissais à bord, en grande partie n'existaient plus ; mes plus intimes amis étaient ensevelis dans le gouffre de la mer. Il ne me restait plus qu'un nommé Talon, officier d'artillerie, et Sarde, ancien marin ; celui-ci m'encourageait, me faisant espérer que nous nous sauverions quand la mer serait moins courroucée, et qu'arrivés à terre nous n'avions plus rien à craindre. Je connais le pays, me disait-il, je me ferai comprendre des habitants, et dans peu de temps nous arriverons dans un port où nous trouverons un consul français qui nous prêtera tous les secours nécessaires. Le pauvre homme! cet espoir nous rendait capables de tout entreprendre pour nous sauver ; dans ces entrefaites, mon brave Sarde, qui était attentif à ce qui se passait, vit un jeune marin se sauver par une nouvelle manœuvre : arrivé à l'endroit où la rivière faisait reflux avec la mer, il plongea et sortit assez loin dans la rivière. Charmé de cette découverte, il nous dit : Nous sommes sauvés ; je vais me mettre à la nage, suivez-moi des yeux et faites comme moi. En effet, il partit, plongea à l'entrée du ravin et arriva à terre.

Nous nous disposâmes avec l'officier Talon, et nous mîmes à la nage ; nous avions quatre cents toises à parcourir ; plusieurs autres naufragés suivaient notre direction. Nous nagions à pleines brasses. Talon était à ma droite, au devant était un autre individu qui se débattait sans pouvoir avancer ; arrivé près de lui, il se dirigea vers moi, et pour ne pas embarrasser Talon et me débarrasser moi-même, je retrogradai et me fus percher sur les débris du vaisseau. Quand j'arrivai, celui qui me côtoyait avait disparu, et Talon était près d'arriver à terre. Après un moment de réflexion, ne voyant plus d'embarras sur la mer de ce côté, je me remis à la nage ; je m'armai de courage et me sentais capable de me tirer d'affaire. J'arrive, après beaucoup de peine, sur une plage que je croyais hospitalière ; par contre, une horde de barbares nous attendaient pour nous dévaliser. Mes pauvres compagnons avaient été divisés dans les montagnes ; je voyais au loin, sur la droite Talon, et sur la gauche le pauvre Sarde : c'était en lui que je fondais toutes mes espérances. J'étais à mon tour sur cette horrible plage, entouré de ces monstres qui me dévalisèrent complètement : une ceinture renfermant l'or nécessaire pour mon voyage, deux montres à répétition, des boucles d'oreille, deux carnets de prix, une dolmande et une culotte de nankin composaient tout ce que j'avais pu sauver. On me dépouilla de tout cela : mes montres furent brisées, ils n'en conservèrent que le boîtier ; l'argent fut jeté çà et là sur le sable, les boucles d'oreille et les boutons de ma dolmande furent disputés, ils se les arrachaient et se déchiraient entre eux pour les avoir ; ils achevèrent par me maltraiter et me pousser avec rudesse vers la montagne. Je n'avais pas perdu de vue mon brave Sarde, mais Talon avait disparu ; je me dirigeai vers lui, il me semblait qu'étant à ses côtés je n'avais plus rien à craindre. Combien mes espérances étaient trompeuses ! J'étais à environ cent toises de lui, quand je le vis fléchir ; il tomba sur ses genoux ; j'arrive promptement près de lui, il avait cessé de vivre. Un coup de foudre me frappa à la vue de ce corps glacé, la terreur s'empara de moi, je me trouvai mal et tellement frappé, que j'eus de la peine à me remettre. Combien de regrets me dévoraient ; je ne voyais devant moi d'autre avenir que la mort. Il fallut se résigner encore une fois, s'armer de courage et se résoudre à quitter celui qui la veille m'avait fait tant de promesses. L'espoir se ranima par le souvenir de ce qu'il m'avait dit la veille ; je me disais : Peut-être trouverai-je de l'autre côté de la montagne quelque habitation ! Nourri dans cette idée, je quittai le malheureux Sarde et m'acheminai vers son sommet. Hélas ! il était heureux d'avoir terminé ses jours sans agonie ; combien de fois, dans ma pénible traversée, n'ai-je pas envié son sort ! Après bien des peines, de rocher en rocher j'arrive au sommet de la montagne. Un vaste désert se déroule à ma vue ; je n'osais pénétrer plus avant, j'en longeais la crête pour ne pas perdre la mer de vue ; la nuit commençait à se faire, je cherchai à trouver un abri. C'est sous un roc à pic qui présentait une grotte, que je me tapis ; me voilà seul au monde dans un désert affreux, transi de froid et de faim et saisi d'épouvante. Je passai une nuit horrible : mille famtômes s'offraient à mon imagination ; les hurlements des barbares me glaçaient d'effroi, j'étais dans des angoisses qu'on ne peut décrire. Néanmoins, un faible espoir soutenait ma frêle existence : j'étais la créature d'un Dieu vivant ; je l'implorais sans cesse, je le priais ardemment de veiller sur ma triste destinée ; je me disais : Le jour viendra et tu trouveras peut-être Talon, vous vous consolerez l'un l'autre, l'existence sera moins pénible. Nourri dans cet espoir consolateur, la nuit se passa et la lumière du jour tant désirée parut ; je quittai ma sombre demeure et m'acheminai au hasard. Après quelques heures de marche, je trouvai au bas de la montagne quinze à dix-huit de mes compagnons d'infortune ; Talon était du nombre, je crus être sauvé. Nous décidâmes de nous armer d'un gros morceau de bois en forme de bâton, et de nous défendre si on venait nous attaquer.

A peine avions-nous pris cette décision, qu'un grand nombre de sauvages fondirent sur nous, et en un instant nous fûmes assaillis et dispersés ; quelques-uns furent pris, Talon était du nombre, j'étais moi-même de ceux des échappés. Ces barbares nous faisaient signe de venir à eux, ils paraissaient entourer de leur bienveillance, ceux qu'ils tenaient, et nos amis nous criaient de venir à eux, qu'il paraissait qu'ils ne voulaient pas nous faire du mal. Enhardis par ces paroles et craignant que nos amis, si nous refusions de nous rendre, ne fussent massacrés, nous nous rendîmes ; j'étais en tête de mes compagnons. Arrivés près d'eux ils me saisirent le premier, et cernèrent les autres ; dans l'instant mille cris affreux se firent entendre, et le carnage commença : deux me tenaient fortement par les bras, quand un troisième m'asséna un coup de poignard sur le front, je tombai à terre ; un second coup fut dirigé sur la figure, je le parai avec ma main qui en fut partagée ; j'étais tombé sur le côté gauche qui n'eut point de mal, tandis que le côté droit reçut du même coup trente-deux coups de poignard. Ainsi mutilé, couvert du sang qui découlait de toutes ces plaies, ils me crurent mort et s'enfuirent ; je les suivis des yeux et vis qu'ils se dirigeaient vers la montagne opposée à celle où nous étions. Quand

ils furent assez éloignés pour n'en être plus aperçu,
je levai doucement la tête, je m'assis, j'examinai
mes blessures; toutes étaient graves, mais celle qui
me frappa le plus était au ventre, directement sur
la région lombaire; l'enveloppe des boyaux sortait
comme une vessie par une brèche qui n'avait pas
moins de neuf à dix pouces de long. Pendant que je
faisais l'examen de toutes mes blessures, une voix
plaintive frappa mes oreilles, c'était celle de mon
pauvre Talon, qui précipité du haut d'un rocher avait
une cuisse cassée; il m'aperçut et me dit : Ah mon
ami! c'en est fait, nous sommes perdus; mais je viens
mourir près de vous. Il se roula jusqu'à moi. Couvert
de plaies et de sang, le pauvre garçon crut que je
n'avais que peu de temps à vivre; il voulut, avant de
me voir expirer, me confesser ses torts envers moi et
en obtenir le pardon; voici ce qu'il me rapporta.
Vous savez, me dit-il, que vous avez dans le temps
rendu des services majeurs à M. Comesboc, entre-
preneur des transports militaires à l'armée d'Italie;
vous savez aussi qu'il quitta le service de l'armée sans
vous adresser même des remerciements, et que vous
m'aviez dit plusieurs fois qu'il était un ingrat. Eh bien!
mon ami, c'est moi qui suis l'ingrat, c'est moi qui suis
le malheureux qui ne méritait pas votre confiance,
pas plus que les bontés que vous m'avez toujours

prodiguées ; oui c'est moi qui ai reçu pour vous remettre une montre à répétition et douze paires de
bas de soie, que je vendis à mon profit : me le par-
donnez-vous? J'étais sans ressource alors, et cet argent servit à soutenir le rang que j'occupais ; croyez,
mon digne ami, que mon intention était de vous res-
tituer cette somme quand je l'aurais pu ; encore une
fois, j'ai besoin que vous me pardonniez et je mourrai
content. Ce pardon ne se fit pas attendre et cette
confession reçut son absolution.

J'étais accoudé sur le côté gauche, causant sur nos
désastres et ne voyant devant nous qu'une longue
et douloureuse agonie ; mon coude, enfoncé dans
de la terre glaise, avait formé un trou dans lequel
s'était ramassé quelque peu d'eau ; je me penchai vers
ce trou, et bus l'eau trouble qui s'y était ramassée.
Ce fut pour moi un baume salutaire ; le courage se
ranima tout à coup, et je me sentis capable de me
lever et de marcher ; mais comment abandonner mon
pauvre Talon? Il fallut pourtant s'y résoudre ; cette
séparation fut bien pénible. Adieu, lui dis-je en sanglo-
tant, adieu pour toujours ! Je sens que je vais bientôt
mourir, et je ne veux pas t'exposer à la vue d'un
cadavre ; je vais à quelques pas d'ici, là je mourrai
content, puisque ce sera à tes côtés ; quant à toi, mon
ami, la Providence viendra peut-être à ton secours.

A ces derniers mots je me lève et pars. Dieu, quelle horreur ! Les premiers objets qui me frappèrent, furent sept cadavres, comme moi couverts de blessures. Ah ! me disais-je, qu'ils sont heureux ceux-là, ils ne souffrent plus, leurs peines sont finies. Accablé de douleur, je quitte cette scène de désolation et de carnage, et grimpe peu à peu jusqu'au sommet de la montagne ; je trouvai là, caché dans un buisson, un marin qui n'avait encore éprouvé aucun mal ; je me rappelai que ce marin étant à bord, m'avait prêté quelquefois un gros couteau pour couper mon chocolat. Je me figurais qu'avec ce moyen j'aurais bientôt fini, en me coupant la gorge ; dans mon désespoir, je voulais qu'il eût ce couteau à sa disposition et qu'il me le prêtât ; il me persuada du contraire, en me faisant voir qu'il n'avait sur lui qu'une simple chemise et qu'il ne pouvait me le cacher ; je le laissai et fus un peu plus loin, toujours sur le sommet de la montagne. Sur le pic, je trouvai des pierres plates disposées en rond ; je m'assis sur la plus élevée, n'apercevant de là que d'immenses déserts.

Je vis le soleil se coucher, c'était la première fois depuis quatorze jours qu'il nous apparut. Combien de réflexions se présentaient alors à mon imagination exaltée : j'étais seul sur la terre. Je me rappelais tous les instants de ma vie, et ne voyais d'autre espoir que

la mort. Mais comment, et par quel moyen terminer
cette pénible existence? Je n'en trouvais aucun d'assez
prompt; je crus que le plus sûr serait de me précipiter
du haut d'un rocher dans un bas fonds. Je me lève,
je cherche, je trouve enfin l'endroit propice; à l'aspect
de ce lieu je méditais comment je pouvais faire pour
me tuer du coup. J'étais saisi d'épouvante en pensant
que si je tombais de côté je pourrais faire une trop longue agonie. Livré à ces tristes réflexions, je fus tout à
coup distrait par la vue de trois nouveaux barbares.
Je me baissai pour ne pas être aperçu, et à travers
une crevasse du roc sur lequel j'étais perché, j'épiai
leur manœuvre : ils étaient postés à un détour et attendaient leur proie. Un de mes compagnons d'infortune
venait de leur côté sans les apercevoir; arrivé près
d'eux, il les aperçut; il voulut fuir, mais il ne put
leur échaper. Par un faux pas, sans doute, il se laissa
tomber, et les malheureux lui jetèrent d'énormes pierres et reduisirent son corps en lambeaux. La nuit
s'approchait; je songeai à descendre dans le précipice
qui devait être mon tombeau. Là, je passai une nuit
horrible, plongé dans des rêveries terribles! Il y avait
deux jours que je n'avais pris aucune nourriture, et
toutes mes plaies me donnaient une fièvre dévorante;
la terreur, jointe à la faiblesse, m'avait saisi; le vent du
nord qui soufflait avait gelé et engourdi mes sens, je

n'étais ni mort ni en vie, je souffrais tout ce que
l'homme peut souffrir dans une maladie grave, et lors-
qu'il approche du moment suprême où sa vie va s'é-
teindre.

Ainsi se passa la nuit; sitôt le point du jour, je me
décidai à aller voir l'infortuné qui avait été mutilé
le soir par la fureur de ses assassins; j'aurais désiré
le connaître, mais, hélas! il n'avait plus la figure hu-
maine, c'était un amas de chairs hâchées. Las de
vivre, je me retirai de ce lieu d'horreur et remontai
sur le sommet de la montagne, décidé à aller m'offrir
en sacrifice aux mêmes barbares qui m'avaient mutilé la veille; il fallait, pour y arriver, redescendre
la montagne et passer bien près du pauvre Talon.
Je jette un coup d'œil vers ces lieux de supplice; il
existait encore. Oh Dieu! quelle horreur! je vis ses
bras se débattre contre des oiseaux de proie, qui déjà
dévoraient les cadavres de ses voisins et voltigeaient
autour de lui. Navré de douleur, je continuai mon
chemin et persistai dans ma résolution; mais avant
d'arriver à ma destinée, j'avais un devoir à remplir:
un adieu à mes parents; je m'assis, je me les rappelai
tous, mon pauvre père en tête, et pleurai amèrement.
Terrassé par les regrets, je me recommandai à Dieu;
je me levai et partis. J'arrivai non sans peine près de
l'endroit où j'avais vu la veille que se logeaient mes

assassins; quatre chiens sans poil et décharnés cou-
rurent sur moi et me déchirèrent; leurs aboiements
éveillèrent l'attention des barbares. Un d'eux parut;
c'était le même qui m'avait porté les coups de poignard;
il s'approcha, me fixa d'un air farouche, et parut
étonné de me voir en vie; je me jetai à ses pieds et
embrassai ses genoux; il me prit par les cheveux, me
releva et me conduisit dans sa tannière, qui était habitée par trois autres barbares et une femme assise
par terre qui allaitait un enfant; au milieu de cet
antre était un feu, et à l'encoignure, une peau à
demi tendue où était la provision de l'eau; ce fut sous
cette peau qu'on me mit. Ils parlaient entre eux, et
après s'être entendus, l'un d'eux sortit et fit entendre
pendant trois fois des cris affreux. Bientôt, une foule
de ces forcenés, hommes, femmes et enfants arrivèrent sur les lieux; alors on me sortit de la caverne,
et l'un d'eux m'attacha à un tronc d'arbre, à l'aide
d'un lien; ainsi exposé, ils me firent éprouver les plus
cruels traitements : les uns me lançaient des coups
de pied, me crachaient au visage, me souffletaient;
d'autres m'écorchaient les chairs en introduisant dans
les plaies, des morceaux de bois raboteux. J'étais tout
en sang; on me laissa dans cette cruelle position jusqu'à la nuit; j'étais si faible, que je ne sentais pas mes
souffrances.

Enfin, on me détacha, et on me mit dans la même position que j'occupais auparavant. L'heure de leur repas arriva, ils se mirent à manger des racines ; la femme m'en porta une poignée dans sa grande et sale main ; ce fut la seule nourriture que j'eusse prise depuis trois jours ; ces racines étaient assez bonnes à manger. Un peu de force que cette nourriture me donna, éveilla toutes mes souffrances ; mes plaies s'envenimaient, la suppuration commençait à se faire, je souffrais le martyre, tandis qu'à côté de moi mes cruels hôtes dormaient paisiblement ; ils étaient couchés pêle mêle sur des nattes de jonc, et moi sur la terre.

Après mille souffrances, le jour parut ; ces tigres se levèrent, et l'un d'eux vint me prendre brutalement, me mena à l'entrée de la grotte et m'indiqua avec sa main d'enlever la boue qui l'obstruait. Je lui montrai avec douceur l'impuissance où j'étais, m'efforçant néanmoins avec la main gauche, qui n'était pas blessée, de nettoyer le devant de cet infernal repaire. De nouveaux cris se font encore entendre ; à cet appel encore, se rassemble un nombre considérable d'enfants ; alors on me congédia. Ces jeunes cannibales me lapidèrent à coups de pierre, et me poursuivirent longtemps. Enfin, ils me laissèrent après avoir assouvi leur rage. Débarrassé de cette bande, je m'acheminai lentement sans savoir où. Outre mes blessures, le dessous de mes pieds ne formait qu'une plaie. Après quelques heures d'un trajet bien pénible, je vis au loin un de ces barbares, il m'avait aperçu. Je ne cherchai pas à fuir; seulement, comme il dirigeait ses pas en travers du sentier que je parcourais, je ralentis mes pas pour qu'il l'eût traversé avant d'arriver à lui, et lui-même se retardait pour m'attendre. Je poursuivis donc mon chemin jusqu'à lui, il me lança un regard furieux et passa outre, sans me rien dire ; cette rencontre ranima mon espoir, je me disais : Sans doute les habitants de ces contrées sont moins cruels ! Je continuai ma marche au hasard, et de bien loin j'aperçus une petite montagne garnie à son sommet d'une touffe d'arbres, ce qui me faisait croire que ce lieu était cultivé. Je me dirigeai sur ce bosquet d'espérance, et y arrivai vers le soir. Une vieille femme s'offrit à ma vue ; elle vint à moi et paraissait attendrie. Enfin, elle me fit signe de la suivre; j'obéis, et par des sentiers détournés elle me conduisit à quelque distance de là, et vers le milieu de la montagne qui nous faisait face ; elle me logea sous un rocher qui formait une grotte ; il y avait des feuillages pour me coucher, etc. Elle me fit comprendre que je ne devais pas bouger de là, et s'en fut à la nuit tombante. Elle revint, m'apporta des racines pareilles à celles qu'on m'avait

déjà données, et partit. Cependant, j'avais une soif
dévorante et je ne savais pas où aller boire ; je tentai,
à la clarté de la lune, de descendre au bas de la montagne, dans l'espoir de trouver quelque ruisseau pour
étancher ma soif ; j'en trouvai en effet, et à plusieurs
reprises j'en bus une ventrée. Ensuite, je lavai mes
plaies qui déjà étaient en putréfaction, et remontai lentement vers mon habitation où j'arrivai sans mauvaise
rencontre. Je passai la nuit assez tranquille. La journée s'écoula aussi sans trop souffrir, mais j'attendis
vainement la pauvre femme qui m'avait secouru. Elle
arriva enfin à la même heure de la veille, avec la nourriture ordinaire ; et après s'être apitoyée sur mon sort,
elle me fit signe de ne pas sortir de mon gîte et me
quitta. Mon repas de vingt-quatre heures fait, je redes-
cendis au ruisseau pour boire comme la veille et laver
mes plaies qui, en pleine suppuration, donnaient une
odeur infecte. Ce manége dura quatre jours, et le cin-
quième, au lever du soleil, un dé ces barbares parut
et m'aperçut dans la grotte ; je me levai et m'approchai
de lui avec humilité, tandis qu'il me regardait d'un air
farouche ; je le vis tout à coup, transporté de rage,
se baisser pour ramasser des pierres qu'il allait me
jeter, quand je m'esquivai moi-même, et si vite que mes
forces pouvaient le permettre ; heureusement, l'envie
de me suivre ne lui vint pas. Me voilà encore une fois

livré à moi-même sans secours et sans savoir que devenir. Il m'en coûtait de m'écarter des lieux qu'habitait ma bienfaitrice ; j'aurais voulu encore une fois la voir, et lui prouver ma gratitude avant de la quitter ; je suivis le ruisseau qui m'avait fourni de l'eau pour boire et pour laver mes plaies, je trouvai une espèce d'églantine et j'en mangeai. Je suivis le cours de ce ruisseau pour m'en rassassier et en ramasser une provision ; je ne pensais pas que je n'avais qu'un simple pantalon de nankin pour couvrir ma nudité, et rien, absolument rien pour mettre ce que j'aurais pu ramasser. Je suivais donc paisiblement ce ruisseau, quand tout à coup je vis sur la crête de la montagne, douze à quinze de ces barbares qui se suivaient l'un après l'autre, ayant en tête un chef armé d'une longue perche ; je me cachai de mon mieux, mais ils m'avaient aperçu et se dirigèrent vers moi. Je ne savais quel parti prendre : en prenant la fuite, je revenais sur mes pas, ce qui ne pouvait guère me convenir. J'attendis donc avec résignation leur venue et restai à demi couché sur le côté gauche, pour exposer à nu toutes mes plaies et leur inspirer la pitié ; arrivés près de moi, ils s'agitèrent et parurent vouloir m'assommer, quand leur chef d'un regard les fit rentrer dans l'ordre. Il fut probablement décidé de m'emmener captif. Ce chef qui, comme je l'ai déja dit, était armé d'une longue perche au bout de laquelle je voyais adapté un fer aigu, me fit lever et marcher devant lui ; chaque fois que je m'écartais du sentier ou que je ne marchais pas assez vite, il me lançait un coup de son dard dans les reins : j'en reçus plus de cent dans moins d'une heure de trajet. Enfin, nous arrivâmes tout près d'une rivière qui paraissait très-profonde ; et, las de souffrir comme de vivre, je m'y précipitai dans l'espoir de me débarrasser d'eux, de la traverser ou de m'y noyer. On me lançait des pierres sans m'atteindre ; j'arrivai sur l'autre rive et encore une fois délivré de mes barbares ! Mais que devenir maintenant ? La nuit s'avançait, il fallait trouver un asile pour y passer la nuit ; je me disais : La pauvre vieille ne pourra pas me faire souper ce soir, il faudra mourir de souffrance et de faim. Chemin faisant, je trouvai des plantes qui ressemblaient à notre oseille de jardin ; j'en mangeai et m'enfonçai dans les broussailles, où je passai la nuit. Le froid me saisit, je grelottai toute la nuit de froid et de peur. Le jour parut et le soleil brilla, ce qui me fit espérer un meilleur avenir. Je me lève et me dirige du côté de cet astre ; je vis dans le lointain une antique tour ; ce monument ranima mon espérance. Je m'y rendis et j'en fis le tour. Sur une de ses faces était un grand trou qui menait dans son intérieur ; j'y pénétrai, et n'y trouvai que des traces de sang et la tête d'un de ces barbares, qu'on avait tranchée depuis peu de jours. A cette vue, je reculai d'effroi et m'écartai de ce lieu d'horreur ; je m'acheminai sur une voie nouvelle ; je fis plusieurs lieues sans aucune mauvaise rencontre, quand, sur le soir, je reconnus encore de loin de nouvelles bâtisses ; je ne savais ce que je devais faire : de les éviter ou de m'y rendre. Je pris ce dernier parti ; je m'approchai, quoiqu'en tremblant, et j'arrivai enfin au pied de ces vieilles murailles : je vis là des tours détruites par le temps, une grande porte qui paraissait être celle d'une ancienne ville, des habitations renversées de part et d'autre ; je regardais, et je n'osais pénétrer dans l'intérieur de ce cloaque ; je le contournai, mais quel fut mon étonnement, quand j'entendis au loin une voix française ; je regardai d'où partait cette voix, et je vis à l'entrée d'une grotte plusieurs de mes compagnons d'infortune.

Je vole auprès d'eux ; nous nous embrassons quoique sans nous connaître. Fier de cette heureuse rencontre, j'avais peine à me contenir ; ma joie était inexprimable ; tous ces braves camarades, au nombre de vingt-trois, n'avaient pas essuyé le moindre mal, à l'exception d'un officier à qui l'on avait coupé le bout de la langue et des oreilles. Mutilé comme je l'étais, tous me regardaient avec pitié. Je leur racontai mes aventures ; à leur tour, ils me dirent comment ils s'étaient échappés. Il me semblait, étant avec eux, qu'il n'y avait plus rien à craindre et que j'étais sauvé.

La position que nous occupions n'était guère qu'à deux lieues de la mer, et c'est par cette voie et à l'aide de quelques pirates qui se trouvaient dans une anse à l'abri de la tempête, que mes camarades furent conduits dans ce lieu. Les pirates communiquaient fréquemment avec les naturels du pays, et au moyen de boutons, montres, bagues et boucles d'oreille ; outre qu'ils avaient payé leurs libérateurs, ils avaient échangé tous leurs bijoux contre une espèce de farine de couleur grise qui servait à leur subsistance ; la quantité était réduite, quand j'arrivai, à 60 livres ; c'était bien peu de chose pour nourrir vingt-quatre bouches affamées. Le commandant Jacques Jean, de Lodève, qui au moment où j'écris est encore en vie, était chargé de la distribution : deux cuillerées devaient nous suffire pour vingt-quatre heures. Les uns la faisaient cuire à l'eau dans une coquille de tortue, les autres la détrempaient et la mettaient sur une ardoise rougie au feu, et chacun faisait ainsi son triste repas. Au terme de douze jours nos provisions étaient consommées, nous étions consternés et réduits à mourir de faim ; j'étais le plus malheureux de tous : mes plaies étaient tellement envenimées, et la suppuration si abondante, que personne n'osait m'ap-

procher. J'étais mis à l'écart comme une personne
abandonnée ; les protestations d'amitié s'étaient chan-
gées en rudesse ; on allait jusqu'à me reprocher le
peu de farine qu'on m'avait donnée. J'entendais dire
à demi-voix : Il ne peut pas s'en tirer, tant valait-il
qu'il mourût plus tôt, nous aurions eu de la farine pour
un jour de plus. Jugez de ma désespérante position.

Ainsi livrés au désespoir, ils décidèrent de partir le
lendemain ; je me voyais dans l'impossibilité de les
suivre, tant j'étais faible et souffrant. Le départ fut
suspendu, le temps étant pluvieux ; un des captifs
rentrait avec une douzaine de tortues, qu'ils man-
gèrent à eux seuls, et moi rien ; d'autres furent aussi
à la recherche, et arrivèrent peu de temps après avec
une grande provision ; alors on m'en donna deux que
je mangeai. Il fut donc décidé d'aller aux provisions :
tous en portèrent, aussi la subsistance fut-elle assurée
pour plusieurs jours. Nous voilà encore tranquilles
pour quelques jours, et livrés cependant à mille con-
jectures sur notre sort à venir ; chacun disait la sienne
et nos raisonnements ne nous amenaient à rien.
Les huit jours s'étaient écoulés et nos vivres étaient
finis ; le temps était sec et beau, nous désirions la
pluie, parce qu'avec un temps pluvieux nous aurions
encore trouvé des tortues pour nous nourrir, quand,
vers les dix heures du matin, on aperçut un cavalier

et peu de temps après trois autres ; c'était une partie d'un détachement des troupes de l'empereur de Maroc, qui, sur l'avis de l'amirauté de Toulon, avaient été envoyés pour explorer les déserts voisins du naufrage. Nous nous présentâmes à ces cavaliers ; quatre des nôtres, sur leur signal, se mirent en croupe derrière eux et partirent. Nous ne savions que penser. Les uns disaient : Ils veulent nous disperser et nous perdre ; les autres croyaient qu'on allait nous retenir captifs, en nous transportant dans quelque île voisine ; d'autres prétendaient qu'ils allaient nous offrir en sacrifice. Pendant ce pourparler, quatre nouveaux cavaliers parurent et s'emparèrent de quatre autres ; enfin, d'heure en heure, on vint tour-à-tour nous prendre tous. Je fus des derniers, et ce fut avec beaucoup de peine et de souffrances que je pus me tenir derrière mon cavalier ; je ne pouvais me tenir que de la main gauche et chaque trot que faisait le cheval me faisait souffrir le martyre ; toutes mes plaies, qui commençaient à se cicatriser, se rouvrirent et le sang coulait en abondance.

Après une heure de ce pénible voyage, j'aperçus mes compagnons d'infortune sur le sommet d'un monticule : c'est là, me disais-je, que nous allons être sacrifiés ! je pensai qu'on allait nous consumer dans un bûcher préparé à l'avance, et je priai Dieu qu'il

me donnât la force d'y arriver sans tomber de faiblesse.
Nous arrivâmes à notre destination ; je cherchai des
yeux le bûcher fatal, que je ne trouvai pas ; la terreur
m'avait tellement saisi, que je ne pensais plus ; je ne
voyais pas d'autre espoir ; cependant, au lieu même
de notre rassemblement, les douze cavaliers qui étaient
venus nous prendre paraissaient faire des dispositions
de départ. Déjà, les premiers des nôtres qui étaient en
état de marcher, étaient rangés de deux en deux, et
les cavaliers se plaçaient à leurs côtés ; ceux qui ne
pouvaient pas marcher, moi du nombre, furent mis
en croupe derrière un de ces cavaliers. Enfin, notre
triste caravane se mit en mouvement ; il était déjà
tard et nous allions toujours ; je n'étais pas à mon aise:
mon cavalier, comme par plaisir, faisait caracoler son
cheval, ce qui m'occasionnait beaucoup de souffrance.
Après un assez long trajet, nous arrivâmes dans un
camp formé au moyen de dix à douze tentes placées
en rond. On nous plaça deux dans chaque tente et un
cavalier à côté ; celle où j'étais était habitée par un
vieillard, une femme et trois petits enfants ; ceux-ci
étaient occupés à broyer une graine noirâtre, dans une
pierre creuse en forme de mortier ; cette farine, gros-
sièrement pilée, fut pétrie avec de l'eau et coulée sur
plusieurs ardoisés chaudes ; on me donna pour ma part
un de ces petits gâteaux et une pleine coquille de tortue

d'une eau sale. Je dévorai cet aliment, je bus mon eau ,et malgré mes souffrances je m'endormis. Vers le milieu de la nuit, je fus éveillé par des hurlements épouvantables ; tous les habitants de cette bourgade étaient hors de leurs tentes et poussaient ensemble des crix affreux; ce tintamare dura près d'une heure. Enfin, ils rentrèrent et s'endormirent paisiblement. Le jour parut et nous reprîmes notre route dans le même ordre de la veille ; nous restâmes toute cette journée sans boire ni manger, tandis que nos conducteurs avaient chacun sa petite outre et de la galette à manger. Nous avions fait à peine trois lieues que nous trouvâmes une autre bourgade, où nous passâmes la nuit ; nous y fûmes traités comme à la précédente ; de gîte en gîte et après vingt jours de marche ou contre-marche , nous arrivâmes à Oran , non sans avoir éprouvé de mauvais traitements. A la porte de la ville même , je reçus sur les reins un si violent coup de latte , que je manquai tomber à la renverse. Nous voilà enfin arrivés dans une ville et mis à la disposition du bey d'Oran. D'après ses ordres , on nous mit dans un hangard où nous restâmes de dix-huit à vingt jours ; une natte de jonc posée à terre nous servait de lit; on nous distribua un carré d'étoffe de laine de la grandeur d'une serviette pour nous couvrir, et pour notre nourriture on nous donna chaque jour demi-livre de viande salée et demi-livre de galette ; celle-ci était si vieille, que nous y trouvions de petits vers.

Le lendemain de notre arrivée, le bey vint nous visiter ; j'étais sur le côté gauche et montrais à nu sur le côté droit trente-deux blessures ; il s'arrêta, me considéra, et après m'avoir tournoyé, il jeta sur ma natte deux pièces d'argent ; un interprète de sa suite s'approcha de moi et me demanda ce que j'en voulais faire : Un matelas, lui dis-je, et en effet, le lendemain on m'apporta un petit matelas sur lequel je me couchai.

Les habitants de la ville venaient tour-à-tour nous visiter ; ils nous lançaient des coups d'œil farouches et ne s'apitoyaient nullement sur notre triste sort ; entre autres on se plaisait à laisser entrer un fou qui nous passait sur le corps, et nous menaçait d'un damas qu'il avait pour arme. Je portai mes plaintes à l'interprète qui était espagnol ; il me dit : Cet homme est faible, et la loi du pays lui permet de faire tout ce qu'il lui plaît ; quand il vous poignarderait tous il ne lui serait infligé aucune peine, parce qu'il est regardé comme un bienheureux. Combien de fois je vis le moment où ce furieux allait me plonger le fer dans le corps ; que de craintes il m'inspirait chaque fois que je le voyais : c'était toujours vers moi qu'il se dirigeait le premier ; souvent il s'arrêtait là, et ressortait ; une foule d'enfants le suivaient partout

en criant *hai la* et *ai la*. Vingt jours se passèrent
dans cette perplexité ou plutôt dans cette agonie, et
les dispositions pour le départ furent faites. On nous
conduisit à un lieu éloigné d'Oran, où nous fûmes
embarqués sur un mauvais bâtiment mal gréé et
commandé par un Turc; on nous entassa pêle mêle
à fond de cale; je me rencognai de mon mieux
avec mon matelas, qu'un de mes compagnons m'avait
transporté à bord, à la condition que je lui en ferais
part; par l'effet du malheur il en eut grand besoin :
une dyssenterie rebelle le prit, et le quatrième jour
il expira à mes côtés; sans retard il fut jeté à la
mer. Il y avait déjà huit jours que nous naviguïons
par un vent contraire, avec une mer houleuse, sans
avancer; la dyssenterie faisait chez nous des progrès
effrayants, de telle sorte que dans l'intervalle de ces
huit jours on avait déjà jeté six cadavres à la mer;
du huitième au dixième jour, il en mourut quatre
autres. Le capitaine du bâtiment, qui tremblait pour
lui et pour son équipage, voulut s'assurer de la cause
si prompte des morts : il en fit ouvrir un, et on trouva
tous les vers autour du foie; il en fit ouvrir un second, qui venait d'expirer, et qui fut comme le premier. Nous avions perdu onze des nôtres et pas
un seul de l'équipage. Notre nourriture à bord était
la même qu'à Oran; il y avait un mois que nous

n'avions pour toute nourriture qu'un peu de galette
et de viande salée, et par surcroît de malheur on nous
mesurait l'eau : un petit verre par repas était notre
ration, nous qui en aurions bu une pinte. Une pareille
nourriture et pas d'eau pour la corriger, devait nous
conduire tous au tombeau. Je fus le seul favorisé :
soit que je fusse recommandé par l'interprète du bey,
soit que mon état inspirât la pitié, le capitaine du
bâtiment me faisait part, chaque jour à midi, d'une
assiette de riz, que j'avalais avec grand plaisir; je
l'avoue, je souffrais de ne pouvoir la partager avec mes
camarades, qui la dévoraient des yeux et qui, affamés
qu'ils étaient, paraissaient me la disputer.

Après quinze jours d'une mer toujours contraire
à notre marche, il survint tout à coup une tempête af-
freuse : les flots de la mer couvraient le pont; les écou-
tilles étaient soigneusement fermées sans air. Roulant
les uns sur les autres, nous étouffions ; pas une pa-
role ne se faisait entendre ; vingt-quatre heures se passèrent dans cet affreux tourment, sans avoir vu aucun
des marins qui continuellement manœuvraient. Hermé-
tiquement enfermés dans notre prison, nous attendions
chaque minute l'instant fatal, celui d'être engloutis
dans la mer. Nous entendions les pauvres matelots se
lamenter et pousser des cris lamentables de détresse
et de désespoir.

Après ces vingt-**quatre** heures d'une lutte terrible,
ayant perdu nos ancres, brisé les cordages, le capitaine, apercevant la terre, se décida à se jeter à la
côte. En effet, le jour suivant, à huit heures du matin,
nous étions naufragés sur les côtes d'Espagne, à trois
quarts d'heure environ de Barcelonne ; le malheur nous
conduisit au bonheur. Le capitaine me fit descendre
avec lui dans la chaloupe ; quatre matelots se mirent
aux rames, et dans moins d'une heure nous étions déjà
tout près de la Consigne ; un canot de l'amirauté vint
nous reconnaître ; le capitaine dit quelques mots dans
son jargon, moitié turc et moitié espagnol, et moi je
demandai avec instance le consul français ; il ne se fit
pas longtemps attendre. Je lui racontai rapidement tous
nos malheurs ; il en prit note, et donna vite des ordres
pour nous servir un déjeûner dont nous avions grand
besoin. Dans ce même temps, les dispositions pour
nous ravitailler étaient prises, et en moins d'une
heure nous vîmes arriver une chaloupe qui nous aborda
et mit dans la nôtre un tonneau d'eau et de vin, une
caisse de galettes fraîches et un sac de riz ; une se-
conde chaloupe portait les agrès nécessaires pour
mettre le bâtiment dans le cas de reprendre la mer.
Fiers de notre descente, nous rejoignîmes notre triste
bord ; mes camarades nous attendaient avec une vive
impatience, ils ne pouvaient se contenir du plaisir et

du besoin qu'ils avaient de nous voir arriver avec des vivres frais ; tous demandaient de l'eau, ils burent à longs traits et se rassassièrent de galette. Tout allait pour le mieux ; il ne s'agissait plus que d'un vent favorable pour reprendre notre route sur Toulon ; la mer était calme, le ciel serein, et notre vaisseau, enfoncé dans le sable, ne pouvait pas se mouvoir. Sur le rapport du capitaine, on nous fournit six grosses chaloupes armées de huit hommes, qui nous remorquèrent en mer. Nous voilà partis : une brise qui venait de terre nous eut bientôt poussés au large, et le lendemain matin nous étions en vue du Port-Mahon. Nous rasions de bien près cette forteresse; j'étais sur le pont à la considérer, quand j'aperçus quelques officiers anglais sur le môle qui nous considéraient aussi ; je me rappelai que j'étais franc-maçon, et que bon nombre d'Anglais l'étaient aussi ; l'idée me vint de faire un signal de détresse. A peine l'avais-je fait, que plusieurs de ces officiers se jetèrent dans une chaloupe et arrivèrent près de nous, avec des protestations d'amitié ; j'y répondais par signes de mon mieux ; ils m'offrirent de l'argent, des vêtements ; ils voulaient même me prendre avec eux et me soigner. Je les remerciai bien sincèrement ; j'acceptai seulement quelques vivres et deux livres de chocolat. Je quittai mes bienfaiteurs, et par un vent favorable nous arrivâmes dans trois jours sur les côtes de Provence, et le quatrième jour, à dix heures du matin, nous entrâmes très-heureusement dans la rade de Toulon. La nouvelle de notre arrivée s'ébruita dans la ville ; le colonel d'artillerie Carrière, qui commandait la place, et l'état-major arrivèrent ; une foule de curieux les suivaient, toute la plage fut dans un instant remplie de curieux ; les parents, les amis réclamaient des nouvelles de ceux qui n'étaient déjà plus ; les uns se lamentaient, et ceux qui me connaissaient étaient ivres de joie, principalement le colonel et son état-major, avec lesquels j'avais fait toutes les guerres d'Italie. J'étais tellement défiguré et chargé de blessures, qu'ils avaient peine à me reconnaître. Nous étions à une distance de 50 à 60 mètres séparés par les eaux du bassin, néanmoins, le son de ma voix arriva jusqu'à eux. Plus de doute, j'étais réellement reconnu ; alors une grêle d'oranges pleuvait sur le pont, j'étais dans une joie inexprimable ; dans ces entrefaites, l'amirauté arriva, on nous débarqua et nous mit en quarantaine dans le Lazaret. Là je reçus, à travers la grille, mille protestations d'intérêt des personnes qui me connaissaient, et même de personnes inconnues qui venaient m'offrir leurs services.

Une dame parisienne, que j'avais vue quelquefois avant mon départ chez le colonel Carrière, fut, sans contredit, celle qui me prodigua des soins assidus pen-

dant les quarante jours de quarantaine. Elle vint chaque jour me voir, s'enquérir de mes besoins, les
prévenir même en m'apportant des choses rares et
délicates pour mon manger ; elle payait grassement le
médecin qui soignait mes plaies, et me demandait souvent si j'étais content de ses soins ? J'étais dans un
paradis terrestre. La seule chose qui me faisait de la
peine et que je ne pouvais éviter, était une purification
journalière à laquelle nous étions soumis : on nous
mettait dans un local plein d'une fumée épaisse et her-
métiquement fermé ; il fallait y rester demi-heure, je
craignais d'y étouffer. Deux des nôtres, qui étaient très-
épuisés par suite de la dyssenterie, ne purent soutenir
l'épreuve et moururent le second jour ; j'obtins seulement la permission de me placer derrière la porte, et,
couché à terre, je respirais le peu d'air qui passait
par ses fentes. Je résistai néanmoins à cette opération
ou épreuve, non sans beaucoup souffrir. Les quarante
jours expirés, comme il était mort deux des nôtres, il
fallut nous soumettre à dix jours de plus ; ce terme
expiré, on nous transporta en ville, et nous fûmes
mis dans un hôpital et dans une salle séparée ; je fus
plus heureux que mes compagnons d'infortune ; par
les soins du colonel Carrière, une maisonnette entou-
rée d'un joli parterre fut désignée pour mon séjour. Je
fus dans ce lieu de délices bien soigné et nourri ; les

visites ne me manquaient pas ; j'eus un domestique à mes ordres, et je restai deux mois dans cette heureuse position, ce qui me donna le temps de rendre compte au gouvernement de mes malheurs et d'écrire à mon pauvre père ma position. Au reçu de ma lettre, M. Cère, de Bédarieux, qui était à Marseille, fut prié de me donner ses soins en me fournissant ce dont je pouvais avoir besoin. En effet, il se rendit à Toulon, et j'acceptai ses offres pour la fournitre de drap pour me couvrir décemment.

MOTTE.